Inhalt

Branchenreport MASCHINEN- UND ANLAGENBAU Ausgabe 2/2010

Kernthesen

Beitrag

Zahlen und Fakten

Weiterführende Literatur

Impressum

GENIOS BranchenWissen Nr. 11/2010 vom 22.11.2010

Branchenreport MASCHINEN- UND ANLAGENBAU Ausgabe 2/2010

R.Reuter

Kernthesen

- 2010 ist für den deutschen Maschinen- und Anlagenbau das "Jahr eins" nach der Finanzkrise. Gekennzeichnet ist die aktuelle Lage durch eine schrittweise Erholung von den herben Einbrüchen des Vorjahres.
- In den ersten acht Monaten dieses Jahres legte der Auftragseingang um 35 Prozent zu, die Produktion wird 2010 allerdings nur um sechs Prozent wachsen.
- Der Export erholt sich ebenfalls, wenn auch nur langsam: Bis Juli 2010 legten die

Ausfuhren von niedrigen Niveau ausgehend um gerade einmal 5,7 Prozent zu.
- Eine unerwartete Auferstehung feiert die Stahlindustrie, die nach dem Schreckensjahr 2009 derzeit enorme Produktionszuwächse verzeichnet.

Beitrag

Der deutsche Maschinen- und Anlagenbau

Die dem deutschen Maschinen- und Anlagenbau für 2010 vorausgesagte Erholung ist eingetroffen. Nach den herben Einbrüchen des vorigen Jahres befindet sich die Branche derzeit wieder auf dem Wachstumspfad. Von den Umsätzen und Erträgen des letzten Boomjahres vor der Finanzkrise, 2008, sind die Maschinen- und Anlagenbauer jedoch nach wie vor weit entfernt.

Gegenüber dem Vorjahreszeitraum ist der Auftragseingang in den ersten acht Monaten dieses Jahres um ein gutes Drittel (35 Prozent) angestiegen. Alleine im August konnte die Branche ein Auftragsplus von 45 Prozent gegenüber dem Vorjahresmonat verbuchen. Dabei stiegen die

Auslandsorders um 55 Prozent, die Inlandsbestellungen um dreißig Prozent. Auf das Produktionsvolumen, das von 195 Milliarden Euro im Jahr 2008 auf 151 Milliarden Euro im vergangenen Jahr abgesunken war, wird sich der Orderanstieg jedoch nicht in gleichem Umfang niederschlagen. Der Verband Deutscher Maschinen- und Anlagenbau (VDMA) ist für 2010 bisher von einem Produktionswachstum von drei Prozent ausgegangen, hat die Prognose aber kürzlich auf sechs Prozent verdoppelt.

Nach oben bewegt sich auch die 2009 eingebrochene Kapazitätsauslastung der Unternehmen. Diese lag in den Spitzenzeiten 2008 bei bis zu 90 Prozent, was eigentlich des Guten zu viel war. Im vergangenen Jahr sank die Auslastung auf 69,2 Prozent, aktuell liegt sie wieder bei 82,9 Prozent. (1), (2), (3), (4), [Abb. 1]

Zahl der Arbeitsplätze nimmt wieder zu

Der Maschinen- und Anlagenbau hat die Zahl der Beschäftigten während der Krise weitgehend konstant halten können. Unterstützt durch die Möglichkeit der Kurzarbeit sank die Zahl der Mitarbeiter zwischen Juli 2009 und dem Juli dieses Jahres nur um 2,7 Prozent von 930 000 auf 905 000

Beschäftigte. Derzeit fangen die Unternehmen damit an, wieder Personal einzustellen. Vom Höchststand des Boomjahres 2008 ist die Zahl der Arbeitsplätze im Maschinenbau dennoch deutlich entfernt. Noch vor gut zwei Jahren arbeiteten 975 000 Menschen in den Unternehmen. (2), (7)

Export: Langsame Erholung

Die hohe Exportquote von bis zu achtzig Prozent macht den Maschinen- und Anlagenbau besonders abhängig von der Auslandsnachfrage. Während der Finanzkrise erwies sich dies als Nachteil, denn die Ausfuhren gingen 2009 um 24 Prozent zurück. Von diesem Einschnitt erholt sich der Export in diesem Jahr nur langsam. So betrugen die Ausfuhren zwischen Januar und Juli 2010 69,5 Milliarden Euro und damit nur 5,7 Prozent mehr als im Vorjahr.

In einzelnen Ländern hingegen erreicht die Branche schon wieder überraschend hohe Exportzuwächse. So gingen nach China im ersten Halbjahr 2010 20,6 Prozent mehr Maschinen als im Vorjahreszeitraum. 6,5 Milliarden Euro verdienten die deutschen Maschinenbauer damit in den ersten sechs Monaten allein auf dem chinesischen Markt. Nach China gehen derzeit 11,3 Prozent aller Maschinenexporte.

Seit dem vergangenen Jahr ist das Reich der Mitte

damit der wichtigste Exportmarkt für die deutschen Maschinenhersteller. Der Abstand zum zweitwichtigsten Abnehmerland, den USA, wird sich 2010 noch vergrößern. Bis Juni dieses Jahres gingen 7,7 Prozent der Ausfuhren über den großen Teich. Damit liegt freilich auch der Export in die USA gegenüber dem Vorjahreszeitraum mit 2,6 Prozent im Plus. Dennoch scheint es so, dass die größte Volkswirtschaft der Erde ihre Rolle als ein Hauptabnehmer deutscher Maschinen langsam abgibt.

6,7 Prozent der Exporte gingen im ersten Halbjahr 2010 nach Frankreich, das damit fast genauso viele deutsche Maschinen kauft wie die USA - obwohl nach Frankreich 0,9 Prozent weniger Maschinen gingen als im ersten Halbjahr 2009. 7,6 Prozent im Plus lagen die Ausfuhren nach Italien. Auf den fünften Platz der Rangliste hat sich Russland geschoben und damit Großbritannien überholt. Nach Russland stiegen die Ausfuhren bis Juni 2010 um 4,1 Prozent, während sie ins Vereinigte Königreich um 10,8 Prozent abnahmen. Rund ein Viertel ihrer eingekauften Maschinen ordern die russischen Unternehmen damit in Deutschland. Deutliche Einbußen verbuchten die Unternehmen neben dem Handel mit Großbritannien in Spanien (minus 10,1 Prozent) und Japan (minus 8,2 Prozent).

Deutlicher als in den Vorjahren wird den deutschen

Maschinenbauern derzeit bewusst, dass der asiatische Markt nicht alleine aus China besteht. Dorthin gehen zwar vierzig Prozent der Asienexporte, doch werden die Abnehmerländer der übrigen 60 Prozent immer wichtiger. So steigt derzeit Indien zu einem immer bedeutenderen Importeur für deutsche Maschinen auf. Der Subkontinent rangiert derzeit zwar erst auf Platz zwölf der wichtigsten Abnehmerländer, hat zwischen Januar und August aber um 27 Prozent mehr deutsche Maschinen geordert als im Vorjahreszeitraum. (5), (6), (7), [Abb. 2]

Binnennachfrage zieht an

Die überraschend gute Verfassung der deutschen Konjunktur schlägt sich auch auf den Maschinenhandel nieder. So konnten die Unternehmen zwischen Juni und August 45 Prozent mehr Maschinen auf dem Binnenmarkt verkaufen als im Vorjahreszeitraum. Dabei darf freilich nicht vergessen werden, dass die Erholung auf dem inländischen Markt von einem historischen Tiefpunkt aus geschieht. So betrugen die Einbußen etwa der Werkzeugmaschinenbauer auf dem deutschen Markt 2009 bis zu siebzig Prozent.

Für ausländische Maschinenbauer hat der deutsche Markt seine hohe Attraktivität behalten. 2009 wurden Maschinen im Wert von 39 Milliarden Euro nach

Deutschland exportiert, was den Markt zum größten in Europa macht. Zwischen Januar und Juli 2010 importierten deutsche Abnehmer ausländische Maschinen im Wert von bei 25,4 Milliarden Euro, was ein Plus von 7,2 Prozent (1,7 Milliarden Euro) gegenüber dem Vorjahreswert bedeutet. (1), (2), (3)

Unternehmen im Markt

Der deutsche Maschinenbau ist weit verzweigt und stark mittelständisch geprägt. Fast 90 Prozent der insgesamt rund 6 000 Unternehmen haben weniger als 250 Mitarbeiter. Die Unternehmen sind hoch erfolgreich: In 18 von 30 international vergleichbaren Gruppen sind deutsche Hersteller Weltmarktführer. Schwergewichte sind ThyssenKrupp, MAN SE, die Kuka AG in der Robotik, die Gea Group in der Prozesstechnik und der Voith-Konzern. Als größter Anlagenbauer gilt die Linde AG. Top-Unternehmen im Bereich Werkzeugmaschinenbau sind die Trumpf GmbH und die Gildemeister AG. (8), (9), (14)

Ausgewählte Sparten des Maschinenbaus: Werkzeugmaschinenbau

Die Werkzeugmaschinenindustrie zählt zu den fünf größten Fachzweigen im deutschen Maschinenbau. Auch die wichtige Einzelsparte hat den wirtschaftlichen Tiefpunkt augenscheinlich durchschritten. Im ersten Halbjahr 2010 stiegen die Bestellungen im Vergleich zum Vorjahreszeitraum um 58 Prozent. Dabei zog die Binnennachfrage um 51 Prozent an, während die Exporte um 61 Prozent zulegten. Auch die Kapazitätsauslastung legte gegenüber dem Tiefststand im Juli 2009 um zehn Prozentpunkte zu und beträgt jetzt wieder 76,3 Prozent. Der Werkzeugmaschinenbau verzeichnet derzeit eine besonders starke Nachfrage aus Asien, wird allerdings noch einige Zeit brauchen, bis das Niveau der Boomjahre wieder erreicht ist. (8), (9)

Großanlagenbau noch nicht aus der Talsohle

Langsamer als die anderen Sparten finden die Anlagenbauer zurück in die Erfolgsspur. Die Sparte schrumpft nach wie vor weiter. Zwischen Juli 2009 und Juni 2010 gingen Bestellungen in Höhe von 20,1 Milliarden Euro. Gegenüber dem katastrophal verlaufenen Jahr 2009, das gegenüber 2008 ein Order-Minus um 30 Prozent erbrachte, bedeutet dies noch einmal einen Verlust von neun Prozent. Dabei war der Kraftwerksbau mit einem Minus von 19 Prozent besonders stark betroffen. Die Branche setzt ihre Hoffnungen jetzt auf die zweite Jahreshälfte 2010. (10)

Baumaschinen freuen sich über neue Aufträge

Besser stehen die Hersteller von Baumaschinen da. Sie freuen sich über ein Auftrags-Plus von sechzig Prozent gegenüber dem Vorjahreszeitraum. Zu einer deutlich anziehenden Produktion haben die wieder anziehenden Orders allerdings auch hier noch nicht geführt. Derzeit wird prognostiziert, dass die Umsätze 2010 um etwa fünf Prozent zulegen könnten. Von den Zahlen der Jahre 2007/2008 können die Baumaschinenhersteller damit vorerst weiterhin nur träumen. (1), (2)

Druckmaschinenhersteller wittern Morgenluft

Für die Druckmaschinenhersteller war 2009 ein besonders schwieriges Jahr. Die Branche kriselt ohnehin und musste im vergangenen Jahr überdies einen Auftragsrückgang um 41 Prozent verkraften. Derzeit geht es allerdings langsam wieder aufwärts. Insbesondere aus den aufstrebenden

Schwellenländern China und Brasilien häufen sich die Orders für Druckmaschinen. So konnten die Umsätze auf dem chinesischen Markt 2010 um fünfzig Prozent gesteigert werden. Nach Brasilien wurden sogar doppelt so viele Maschinen geliefert als im Vergleichszeitraum 2009. Insgesamt zeigt die Branche damit das gewohnt zwiespältige Bild: Unternehmen wie Manroland und Heidelberg sind in vielen Feldern Weltmarktführer, produzieren aber nur selten richtig gute Zahlen. Kurzarbeit ist darum in den meisten Unternehmen immer noch unverzichtbar. (15)

Robotik und Automation: Neustart von niedrigem Grundniveau

Besonders stark gebeutelt hat die Finanzkrise auch die Teilbranche Robotik. 2009 waren die Umsätze auf das Niveau von 2002 zurückgefallen. Die in diesem Jahr erwartete Umsatzsteigerung von 14 Prozent auf damit 7,1 Milliarden Euro sieht damit auf den ersten Blick sehr gut aus, muss aber vor dem Hintergrund des niedrigen Ausgangsniveaus betrachtet werden. Tritt die Steigerung im erwarteten Umfang ein, hätten Robotik und Automation den Stand des Jahres 2005 zurück erobert. Für das kommende Jahr erwarten die Unternehmen einen Fortgang der Konsolidierung. Gerechnet wird mit einem

Umsatzplus von zehn Prozent. (16)

Solarenergie- und Windkraftunternehmen

Mit einem Umsatzminus von nur zehn Prozent sind die deutschen Photovoltaikunternehmen glimpflich durch das Krisenjahr 2009 gekommen. Zudem macht die Branche besonders große Schritte bei der Aufholjagd. Erwartet wird für 2010 ein Umsatzplus von zwölf Prozent.

Ihre internationale Spitzenstellung verteidigt hat die deutsche Windkraftindustrie. Gleichwohl leidet die Branche unter der aktuellen Debatte über das Energiekonzept der Bundesregierung, das eine Verlängerung der Laufzeiten von Atomkraftwerken vorsieht. Zudem schießen in China und Südkorea Konkurrenzunternehmen wie die Pilze aus dem Boden. So sind die deutschen Hersteller mit der aktuellen Situation nicht glücklich: Im ersten Halbjahr 2010 sank die in Deutschland installierte Leistung um 17,8 Prozent auf 659 Megawatt. (11), (12)

Stahl- und metallverarbeitende Industrie: Mit Riesenschritten aus

dem Tal

Vom Schreckensjahr 2009 hat sich die deutsche Stahlindustrie mit beeindruckender Geschwindigkeit erholt. 2010 werden die Stahlkocher 44,7 Millionen Tonnen Rohstahl erzeugen, das sind 36,7 Prozent mehr als im Vorjahr. Der Ausstoß des Rekordjahres 2007 würde damit um nur acht Prozent verfehlt. Alleine zwischen Januar und September dieses Jahres wurde eine Produktionssteigerung um insgesamt 3,3 Millionen Tonnen oder 46 Prozent erreicht. Die Anstiege fallen damit so hoch aus, dass die Branche schon für 2011 wieder von leichten Rückgängen der Produktion ausgeht. (13), (14)

Trends

Ostdeutscher Maschinenbau vor Rückkehr an die Weltspitze

Zwanzig Jahre nach der Deutschen Einheit machen sich die ostdeutschen Unternehmen auf, ihre frühere Spitzenstellung zurück zu erobern. Damit schließen sie an eine erfolgreiche Tradition an: Schon zur Zeit der industriellen Revolution waren Sachsen, Thüringen und Sachsen-Anhalt Zentren der deutschen Maschinenproduktion. Zwischen 1989 und 2001 war die Zahl der im Maschinenbau Beschäftigten von 560 000 (!) auf 65 000 Mitarbeiter gesunken. Parallel dazu musste ein drastischer Rückgang der Produktion verzeichnet werden. 1996 steuerte der ostdeutsche Maschinenbau nur noch 7,6 Milliarden Euro zum gesamtdeutschen Umsatz der Maschinenbaubranche bei. 2008 belief sich der Umsatz schon auf 14,3 Milliarden Euro. Dieser Trend hält an: Im laufenden Jahr verzeichnen die Unternehmen besonders deutliche Fortschritte bei der Erholung von den Folgen der Finanzkrise. (17)

Zahlen & Fakten

Abbildung 1: Maschinenproduktion 2010: Langsame Erholung

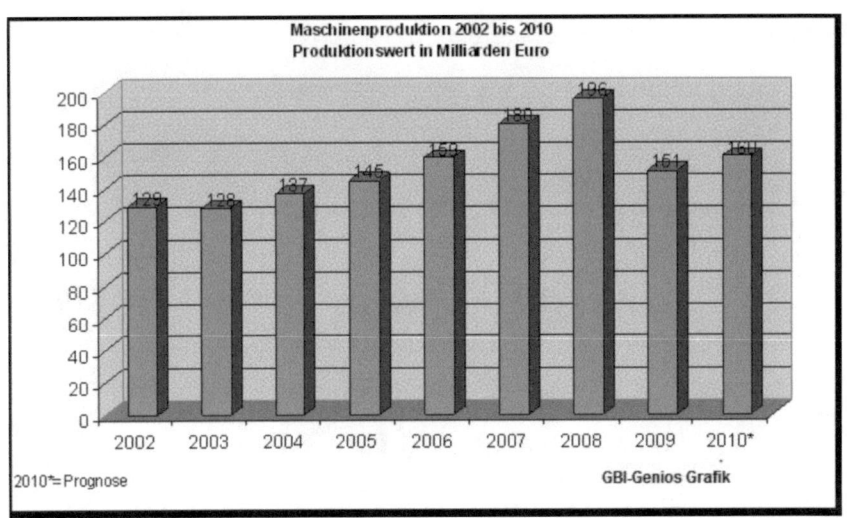

Quelle: Statistisches Bundesamt / VDMA / Eigene Recherchen

Entnommen aus: Frankfurter Allgemeine Zeitung, 11.02.1010, Nr. 35, S. 10

Abbildung 2: Russland überholt Großbritannien

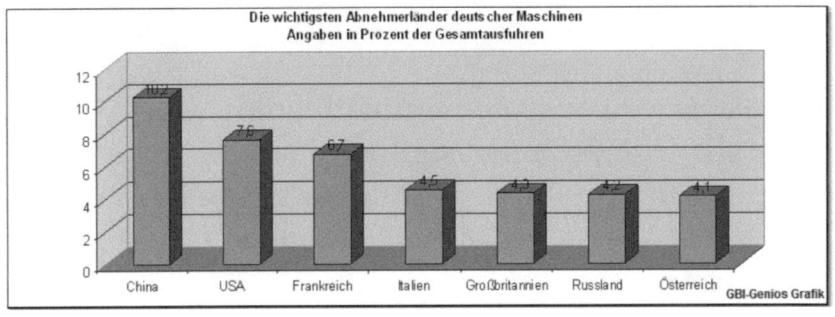

Quelle: Statistisches Bundesamt / VDMA / Eigene Recherchen

Entnommen aus: www.vdma.org

Weiterführende Literatur

(1) Deutsche Industrie kommt gestärkt aus der Krise
aus VDI NR. 41 VOM 15.10.2010 SEITE 1

(2) Maschinenbau-Motor läuft wieder
aus DVZ, Nr. 122 vom 12.10.2010

(3) Das nächste Jahr wird für Maschinenbauer noch besser
aus DIE WELT, 08.10.2010, Nr. 235, S. 11

(4) DIE BRANCHE
aus Stuttgarter Zeitung, 09.10.2010, S. 11

(5) VDMA Konzentration auf China schadet dem Geschäft
aus MM MaschinenMarkt Nr. 042 vom 18.10.2010 Seite 011

(6) Russland rüstet seine Industrieproduktion auf Deutsche Unternehmen sind in Russland hervorragend positioniert und liefern bereits ein Viertel der russischen Maschinenimporte. Beste Voraussetzungen, um von der Modernisierungsinitiative der russischen Regierung zu profitieren. Die erste International Trade Fair Moscow bot vielen Unternehmen die Gelegenheit,

ihre Marktchancen zu sondieren. Deutsche Unternehmen sind in Russland hervorragend positioniert und liefern bereits ein Viertel der russischen Maschinenimporte. Beste Voraussetzungen, um von der Modernisierungsinitiative der russischen Regierung zu profitieren. Die erste International Trade Fair Moscow bot vielen Unternehmen die Gelegenheit, ihre Marktchancen zu sondieren.
aus MM MaschinenMarkt Nr. 042 vom 18.10.2010 Seite 016

(7) VDMA verdoppelt Produktionsprognose für 2010 auf 6 Prozent Maschinenbau entwickelt sich besser als erwartet
aus Industrieanzeiger, Heft 38, 2010, S. 7

(8) Aktie Gildemeister Nach dem Aufschwung mit Joker in der Hand
aus WirtschaftsWoche NR. 043 VOM 25.10.2010 SEITE 108

(9) Chinageschäft beflügelt Trumpf
aus Handelsblatt Nr. 205 vom 22.10.2010 Seite 26

(10) Großanlagenbauer kommen aus dem Tal Spätzyklische Branche profitiert vom Rohstoffboom - China wichtigster Absatzmarkt - Scharfe Konkurrenz aus Südkorea
aus Börsen-Zeitung, 06.10.2010, Nummer 192, Seite 9

(11) VDMA Photovoltaik-Produktionsmittel

Auslandsaufträge retten die Jahresprognose
aus Markt & Technik, Heft 40/2010, S. 3

(12) Volatile Perspektiven für die Windkraft
aus www.powernews.org Meldung vom 07.10.2010 - 10:11

(13) Weltstahlnachfrage klettert auf Rekordniveau
aus VDI NR. 40 VOM 08.10.2010 SEITE 12

(14) Produktion steigt in den ersten neun Monaten um 46 Prozent
aus LVZ/Leipziger-Volkszeitung, 18.10.2010, S. 8

(15) Alleine durch schwere Zeiten
aus Handelsblatt Nr. 181 vom 20.09.2010 Seite 29

(16) Robotik und Automation Branche zurück auf dem Wachstumspfad
aus Industrieanzeiger, Heft 42, 2010, S. 7

(17) Maschinen und Anlagen aus Ostdeutschland haben ihren Weltruf wiedererlangt
aus VDI NR. 39 VOM 01.10.2010 SEITE 10

Impressum

Branchenreport MASCHINEN- UND ANLAGENBAU Ausgabe 2/2010

Bibliografische Information der deutschen Nationalbibliothek

Die Deutsche Nationalbibliothek verzeichnet diese Publikation in der deutschen Nationalbibliografie; detaillierte bibliografische Daten sind im Internet über http://dnb.d-nb.de abrufbar.

ISBN: 978-3-7379-1898-5

© 2015 GBI-Genios Deutsche Wirtschaftsdatenbank GmbH, Freischützstraße 96, 81927 München, www.genios.de

Alle Rechte vorbehalten. Dieses Werk ist einschließlich aller seiner Teile – z.B. Texte, Tabellen und Grafiken - urheberrechtlich geschützt. Jede Verwertung außerhalb der Grenzen des Urheberrechtsgesetzes bedarf der vorherigen Zustimmung des Verlags. Dies gilt insbesondere auch für auszugsweise Nachdrucke, fotomechanische

Vervielfältigungen (Fotokopie/Mikroskopie), Übersetzungen, Auswertungen durch Datenbanken oder ähnliche Einrichtungen und die Einspeicherung und Verarbeitung in elektronischen Systemen.